AF144945

„Zeitenwende 1989 – Bilanz und Perspektiven der Aufarbeitung"

Ausgewählte Beiträge vom 18. Bundeskongress der Landesbeauftragten für die Stasi-Unterlagen und zur Aufarbeitung der Folgen der kommunistischen Diktatur und der Bundesstiftung zur Aufarbeitung der SED-Diktatur mit den Verfolgtenverbänden und Aufarbeitungsinitiativen

Herausgegeben von der Konferenz der Landesbeauftragten für die Unterlagen des Staatssicherheitsdienstes der ehemaligen DDR und zur Aufarbeitung der Folgen der kommunistischen Diktatur und der Bundesstiftung zur Aufarbeitung der SED-Diktatur

Dresden, Juli 2014

Impressum

© 2014 Alle Rechte vorbehalten. Printed in Germany.
Konferenz der Landesbeauftragten, Bundesstiftung zur Aufarbeitung der SED-Diktatur

Fotos: Leo Aris, Nancy Aris, Wolfgang Laßleben, Michael Schmidt, Staatsschauspiel Dresden
Fotos Einband: Bundesarchiv, Bundespresseamt

Transkription: Wiebke Heinrich
Redaktion: Dr. Nancy Aris

Herstellung und Verlag:
BoD - Books on Demand, Norderstedt
ISBN 978-3-7357-5838-5

Inhaltsverzeichnis

Vorbemerkung   5

Tagungsprogramm   7

Feierliche Eröffnung des Kongresses   10

Eröffnungsvortrag von Dr. Manfred Sapper   12

Berichte auch den Verbänden   32

Theateraufführung "Meine Akte und ich"   34

Impressionen aus den Podien   36

Rechercheebericht von Dr. Nancy Aris zu
deutschen Opfern sowjetischer Strafjustiz   37

Gedenkansprache von Oberlandeskirchenrat
Burkart Pilz   44

Erinnerungsband im Raum der Stille   49

Informationen zu den Mitveranstaltern   50

Totengedenken

Die feierliche Eröffnung des Bundeskongresses begann mit einer Ge-
denkminute. Lutz Rathenow, der Sächsische Landesbeauftragte für die
Stasi-Unterlagen, verlas die Namen der im vergangenen Jahr verstorbe-
nen SED-Opfer und die Teilnehmer gedachten ihrer.

Vorbemerkung

Vom 25. bis 27. April fand in Dresden, im Sächsischen Landtag, der 18. Bundeskongress der Landesbeauftragten für die Stasi-Unterlagen und zur Aufarbeitung der Folgen der kommunistischen Diktatur und der Bundesstiftung zur Aufarbeitung der SED-Diktatur mit den Verfolgtenverbänden und Aufarbeitungsinitiativen statt. Schirmherr der Tagung war der Präsident des Sächsischen Landtags, Dr. Matthias Rößler.

Mehr als 200 Vertreter von Verbänden und Aufarbeitungsinitiativen kamen zusammen, um mit Wissenschaftlern, Medienexperten, Politikern und engagierten Schülern über geschichtspolitische Aspekte rund um das Thema „Geschichte des Kommunismus und dessen Aufarbeitung" im europäischen Kontext zu diskutieren und konkrete Projekte im Bildungsbereich oder Fragen der Rehabilitierung zu besprechen. Der jährlich an wechselnden Orten stattfindende Kongress ist die einzige Plattform, bei der Verbandsvertreter aus allen Bundesländern ihre Anliegen austauschen.

Der diesjährige Kongress stand unter dem Motto: „Zeitenwende 1989 - Bilanz und Perspektiven der Aufarbeitung" und bildete einen ersten Höhepunkt zum 25. Jahrestag der Friedlichen Revolution in der DDR.

Der Bundeskongress setzte sich über drei Tage in verschiedenen Podien und Beiträgen mit diesem Thema auseinander. Dabei würdigte er den epochalen Umbruch, zog Bilanz und fragte, ob 25 Jahre nach dem Ende der DDR einzelne Themen und Opfergruppen bislang nicht oder zu wenig beachtet worden sind. Auch die Sicht auf den Herbst '89 und dessen mediale Vermittlung wurden behandelt. Es wurde der Frage nachgegangen, welche Bilder und Deutungen durch Politik, Medien und Kunst vom Umbruch 1989 entstanden sind und wo es bis heute Leerstellen gibt. Teilnehmer aus Ungarn, Polen und Kroatien eröffneten bei den Diskussionen die europäische Vergleichsperspektive und zeigten, dass der Umbruch und die anschließende Diktaturaufarbeitung unterschiedlich verliefen. Basil Kerski, Leiter des Solidarność-Zentrums in Danzig, warb deshalb für eine Vermittlung von Geschichte als grenzüberschreitendes Beziehungsgeflecht.

Insbesondere die Vertreter der Verfolgtenverbände erinnerten immer wieder daran, dass es neben formalen Rehabilitierungsentscheidungen häufig an einer öffentlich wahrnehmbaren Würdigung der Diktaturopfer fehle. Hier müsse der Mut der Widerständigen und deren persönliche Opfer stärker ins öffentliche Bewusstsein gerückt und wertgeschätzt werden.

Neben den Podien und Vorträgen gab es ein Rahmenprogramm, das zwei Gedenkstätten vorstellte und eine begleitete Elbfahrt beinhaltete. Dabei erfuhren die Teilnehmer des Kongresses etwas über eine spezifisch Dresdner Variante politischer Renitenz. Darüber hinaus erhielten sie Gelegenheit, die überregional beachtete Aufführung „Meine Akte und ich" im Dresdner Staatsschauspiel zu erleben.

Der Kongress endete mit einer Gedenkveranstaltung in der Gedenkstätte Bautzner Straße, die an die Opfer der sowjetischen Militärjustiz erinnert. An der Gedenkveranstaltung nahmen mehrere Angehörige der Anfang der 1950er Jahre in Moskau Erschossenen teil.

Diese Broschüre ist kein Tagungsband im eigentlichen Sinne. Sie enthält den Eröffnungsvortrag von Dr. Manfred Sapper und die Reden der Gedenkveranstaltung von Burkart Pilz und Dr. Nancy Aris.

Ein Mitschnitt des Eröffnungsvortrags und der Podien kann auf der Website der Bundesstiftung zur Aufarbeitung der SED-Diktatur unter http://www.bundesstiftung-aufarbeitung.de abgerufen werden.

Tagungsprogramm
„Zeitenwende 1989 – Bilanz und Perspektiven der Aufarbeitung"
25.-27. April 2014, Sächsischer Landtag Dresden

Freitag, 25. April 2014

18:00 Uhr	
Begrüßung	*Lutz Rathenow*, Sächsischer Landesbeauftragter für die Stasi-Unterlagen
	Dr. Anna Kaminsky, Geschäftsführerin der Bundesstiftung zur Aufarbeitung der SED-Diktatur
Grußworte	*Dr. Matthias Rößler*, Präsident des Sächsischen Landtags und Schirmherr der Tagung
	Dr. Wilfried Bernhardt, Staatsministerium für Justiz und Europa
18.30 Uhr	Eröffnungsvortrag von Dr. Manfred Sapper
19.30 Uhr	Empfang

Samstag, 26. April 2014

9.30-11.00 Uhr	**Podium I**

Der Epochenumbruch 1989/90 – Geschichtsbilder im Wandel

Podiumsteilnehmer	*Dr. Rainer Eckert*, Direktor des Zeitgeschichtlichen Forums Leipzig
	Basil Kerski, Leiter des Europäischen Solidarność-Zentrums Danzig
	János Can Togay, Leiter des Collegium Hungaricum Berlin
Moderation	Ulrike Poppe

| 11.30-13.00 Uhr | **Podium II** |

Anerkennung und Rehabilitierung von kommunistischem Unrecht

Podiumsteilnehmer	*Anne Drescher*, Landesbeauftragte für die Stasi-Unterlagen in Mecklenburg-Vorpommern
	Jure Knezović, Vorsitzender der Internationalen Assoziation ehemaliger politischer Gefangener und Opfer des Kommunismus e.V.
	Utz Rachowski, Berater des Sächsischen Landesbeauftragten für die Stasi-Unterlagen
	Marko Schiemann, Rechtspolitischer Sprecher der CDU-Fraktion im Sächsischen Landtag
	Carola Schulze, Vertreterin der Union der Opferverbände Kommunistischer Gewaltherrschaft e.V.
Moderation	Birgit Neumann-Becker

| 14.00-15.00 Uhr | Berichte aus den Verbänden |

ab 15.00 Uhr	Begleitprogramm:
	Besuch der Gedenkstätte Münchner Platz
	Besuch der Gedenkstätte Bautzner Straße
	Historische Dampferfahrt mit MDR-Doku: *Dolce vita in der DDR. Ein Elbdampfer voller Exoten*

| 20.00 Uhr | Theateraufführung "Meine Akte und ich", eine Produktion der Bürgerbühne des Staatsschauspiels Dresden, Kleines Haus |

Sonntag, 27. April 2014

9.30-11.00 Uhr   **Podium III**

Fragen an die Vergangenheit – neue Blicke auf die DDR

Podiumsteilnehmer   *Paul Hilbert, Jeremias Kluge, Sebastian Weiß* vom Gymnasium Einsiedel, Sieger des Geschichtswettbewerbs des Bundespräsidenten mit dem Projekt "Der stählerne Nachbar - nachbarschaftliche Beziehungen zur Strafvollzugsanstalt Hoheneck"
Dr. Timo Meškank, Historiker und Sorabist an der Universität Leipzig
Prof. Dr. Florian Steger, Direktor des Instituts für Geschichte und Ethik der Medizin an der Martin-Luther-Universität Halle-Wittenberg
Dr. Katja Wildermuth, Leiterin der Redaktion "Geschichte und Gesellschaft" beim Mitteldeutschen Rundfunk

Moderation   Lutz Rathenow

12.00 Uhr   **Gedenkveranstaltung in der Gedenkstätte Bautzner Straße**
Dr. Herbert Wagner, Vorsitzender des Trägervereins der Gedenkstätte Bautzner Straße, Erkenntnis durch Erinnerung e.V.
Dr. Nancy Aris, Stellvertretende Sächsische Landesbeauftragte für die Stasi-Unterlagen
Burkart Pilz, Oberlandeskirchenrat, Evangelisch-Lutherische Landeskirche Sachsens

Feierliche Eröffnung des Kongresses

Der Kongress wurde von Dr. Matthias Rößler, Präsident des Sächsischen Landtags, Lutz Rathenow, Sächsischer Landesbeauftragter für die Stasi-Unterlagen, Dr. Anna Kaminsky, Geschäftsführerin der Bundesstiftung zur Aufarbeitung der SED-Diktatur und Dr. Wilfried Bernhardt, Staatssekretär im Staatsministerium für Justiz und Europa, feierlich eröffnet. In ihren Grußworten würdigten die Redner die Friedliche Revolution als erste gelungene deutsche Freiheitsrevolution. Sie erinnerten an den Mut der Menschen, die für Freiheit aufbegehrten.

Eröffnungsvortrag von Dr. Manfred Sapper

Chefredakteur der Zeitschrift "Osteuropa", www.zeitschrift-osteuropa.de

Meine Damen und Herren,
sehr geehrter Herr Landtagspräsident,
sehr geehrter Herr Staatssekretär!

eigentlich ist alles gesagt! Frau Kaminsky und Herr Bernhardt haben bereits darauf hingewiesen, welch erinnerungsgesättigtes Jahr dieses Jahr 2014 ist. Wir befinden uns in einem Moment, in dem die Medien oder Einrichtungen der politischen Bildung gar nicht wissen, welchem Jahrestag sie mehr Aufmerksamkeit widmen sollen: In diesem Jahr begehen wir den 100. Jahrestag des Ausbruchs des Ersten Weltkriegs, zum 75. Mal jährt sich der deutsche Überfall auf Polen und zum 25. Mal der Mauerfall und die Überwindung des Ost-West-Konflikts!

Manchmal beschleicht mich das Gefühl, dass diese Gedenktage primär der Bewirtschaftung der Vergangenheit dienen. Denn wie die Literaturflut zum Ersten Weltkrieg zeigt: history sells! Von Christopher Clarks Buch „Die Schlafwandler" sind bislang 200.000 Exemplare verkauft, Herfried Münklers Buch über den Ersten Weltkrieg steht mit 50.000 verkauften Exemplaren in der Bilanz. Eine Welle der erinnerungskulturellen Aufmerksamkeit löst die andere ab.

Aber diesmal ist etwas ganz anders. Es herrscht eine beklemmende Atmosphäre. Ich will nicht Ihre Aufmerksamkeit erheischen, wenn ich sage: Es ist erschütternd zu sehen, dass ausgerechnet in dem Jahr, in dem sich der Ausbruch des Ersten Weltkrieges zum 100. Mal jährt, die Ohnmacht der Diplomatie so groß ist, dass sich Europa in der größten Krise seit dem Jugoslawienkrieg, wenn nicht sogar seit der Kubakrise befindet. Und es ist keineswegs ausgemacht, dass das, was sich im Osten der Ukraine gerade abspielt, ein lokal beschränkter Krieg bleiben wird, so wie es in Jugoslawien der Fall war. Aber denken wir daran, was in Jugoslawien trotz der lokalen Beschränkung passiert war. Plötzlich, im Juli 1995, war der Genozid wieder in Europa, als in Srebrenica alle bosnischen Männer umgebracht wurden – und das unter den Augen der UNO und damit auch der Weltöffentlichkeit. Damals stellten wir mit Schrecken fest, dass der Genozid kein überwundenes historisches Phänomen ist, sondern wie binnen kürzester Zeit in anderer Form wieder auf der Tagesordnung stehen kann.

Ich möchte Ihnen, die Sie Opfer kommunistischer Verfolgung waren oder sich in der Bürgerrechtsbewegung der DDR engagiert haben, zwei Thesen zu den Vorgängen in der Ukraine und der russisch-ukrainischen Krise an die Hand geben.

Die erste These lautet: Was wir seit Ende November in der Ukraine sehen, ist eine Fortsetzung der Bürgerrechtsbewegung von 1989, eine Fortsetzung dessen, was die Solidarność ab 1980 in Polen gefordert hatte. Der Euromajdan in der Ukraine steht in der gedanklichen und

politischen Tradition der Menschenrechtler und Dissidenten wie
György Konrad aus Ungarn, Vaclav Havel aus der Tschechoslowakei

oder Adam Michnik aus Polen.

Die zweite These: Die Reaktion auf diesen Protest, zunächst der Einsatz
von Scharfschützen durch das Janukovyč-Regime, der 104 Menschen
auf dem Majdan das Leben kostete, dann aber vor allem die völker-
rechtswidrige Annexion der Krim durch Russland, markiert eine historische Zäsur. Als Zeitgenossen haben wir immer Schwierigkeiten, das,
was wir aktuell erleben, einzuordnen und seine historische Bedeutung
zu erfassen. Aber in diesem Fall werden wir künftig von der Periode
1989 bis 2014 sprechen.

Warum? Warum diese Zäsur?

Seit 1989 gingen wir in Deutschland und in Europa davon aus, dass sich
nach dem Zusammenbruch der kommunistischen Regime in Osteuropa

Politik, Wirtschaft und Gesellschaft alles in allem in die richtige Richtung bewegen, in Richtung Marktwirtschaft, Demokratie und Rechtsstaatlichkeit in Gesamteuropa. Zu diesem Raum gehören auch die Ukraine und Russland sowie alle Mitgliedsstaaten des Europarates und der OSZE. Doch nach den jüngsten Ereignissen müssen wir feststellen, dass der Rechtsnihilismus, den Russlands Führung bei der Annexion der Krim an den Tag legte, nicht nur eine gravierende Verletzung des Völkerrechts darstellt. Zum ersten Mal seit dem Ende des Zweiten Weltkriegs hat ein Staat einen Teil des Staatsgebiets eines souveränen Nachbarstaats annektiert. Bis heute sieht sich die Europäische Union nicht in der Lage, darauf eine adäquate Reaktion zu entwickeln. In Russland geht die Annexion mit der Konsolidierung des autoritären Regimes einher. Das Putin-Regime bedient sich zur Legitimation der Annexion einer antiwestlichen Propagandakampagne, die wir seit 1989 bzw. im Falle der Sowjetunion und ihrer Nachfolgestaaten seit 1991 überwunden wähnten.

Aber blenden wir zurück. Was bedeutet dieses Jahr 1989 in historischer Perspektive?

Der Osteuropahistoriker Karl Schlögel sagte: „Der Mauerfall am 9. November war nur die Beglaubigung. Hier wurde nur sanktioniert, was schon entschieden war, vorher und anderswo." In seinem Grußwort hatte Herr Rößler gefordert, dass man den Kontext, die größeren Zusammenhänge in den Blick nehmen müsste, um zu verstehen, was damals passierte.

Das lange Jahr 1989 beginnt mit dem Streben Einzelner nach Freiheit – nach Freiheit des Wortes, nach Freiheit der Kunst, nach Freiheit des Gewissens, nach religiöser Freiheit. Aber auch nach Freiheit von Lüge, Freiheit von Repressionen und Freiheit von Gewalt. Zu 1989, und das ist der springende Unterschied zu Ihrer Interpretation, Herr Rößler, gehörten nicht nur die Mitteleuropäer, sondern auch die Dissidenten in der Sowjetunion, die am 5. Dezember 1965 in Moskau zum ersten Mal auf die Straße gingen, um gegen die Verhaftung der beiden Schriftsteller Andrej Sinjavskij und Julij Daniel' zu protestieren. Sie verlangten die Achtung der in der sowjetischen Verfassung festgelegten Rechte. Diese Veranstaltung wurde sofort aufgelöst! Wir wissen alle, was aus diesen Dissidenten geworden ist...

Zu diesem langen Jahr 1989 gehören all die Bürgerrechtler in Ostmitteleuropa, die Konráds und Dalos' in Ungarn, die Kurons und Michniks in Polen oder ein Paul Goma in Rumänien. Das Jahr 1989 ist ohne die *Charta 77* in der Tschechoslowakei mit Jan Patočka und Václav Havel an der Spitze überhaupt nicht denkbar. Und das Jahr 1989 beginnt faktisch mit dem polnischen Aufbruch 1980. Ohne die *Solidarność* ist die Überwindung des Ost-West-Konflikts gar nicht zu denken. Denn die *Solidarność* war die einzige Oppositionsbewegung, die Millionen Menschen hinter sich versammelte. Auf dem Höhepunkt der *Solidarność* waren zehn Millionen Polen bereit, in einer kommunistischen Diktatur Rückgrat zu zeigen und für ein Leben in Würde, Selbstverantwortung und Freiheit – nicht zuletzt Religionsfreiheit – einzustehen und aufzustehen. Selbst wenn es in den übrigen Ländern Ostmitteleuropas in der Regel nur ganz wenige Bürgerrechtler und Dissidenten gab, liegt die Bedeutung ihres Handelns darin, dass sie mit ihrem Eintreten für das Recht, für die Gewaltfreiheit und den Dialog mit den Herrschenden den Charakter des Umbruchs 1989 vorwegnahmen. An dieser Stelle muss aber auch klipp und klar gesagt werden, dass das Jahr 1989 auch nicht ohne die UdSSR denkbar ist. Ohne die fundamentale Wirtschafts- und Entwicklungskrise, wodurch das kommunistische Regime in eine enorme Legitimitätskrise geriet, hätte es den Zwang zur Reform überhaupt nicht gegeben. Die Reforminitiativen unter dem neuen Generalsekretär Michail Gorbačev waren der Versuch, die Stagnation im Inneren der Sowjetunion bei gleichzeitiger außenpolitischer Überdehnung in den Griff zu bekommen. Dies sollte durch die Perestrojka und die Politik der Glasnost gelöst werden. Aber weder mit dem einen noch mit dem anderen zielte die Führung darauf, den Kommunismus zu überwinden, die führende Rolle der Partei oder gar die Sowjetunion aufzulösen. Keineswegs! Gorbačevs Versuch war, außenpolitisch die Konfrontation mit dem Westen zu verringern, um dadurch Mittel, die etwa durch den Rüs-

tungswettlauf unproduktiv gebunden waren, freizusetzen und innenpolitisch durch größere Freiräume für die Menschen die Stagnation in den Köpfen zu lösen. Gorbačevs Ziel war es, neue Kräfte freizusetzen, um die Wirtschaft im Inneren zu reformieren und leistungsfähiger sowie den Sozialismus dadurch wettbewerbsfähiger zu machen. Bereits 1986 verzichtete das Politbüro auf die Brežnev-Doktrin, nach der die Staaten des kommunistischen Lagers nur eine beschränkte Souveränität genossen. Diese Doktrin war die ideologische Grundlage zur Unterdrückung des Prager Frühlings 1968 und der Niederschlagung der Proteste 1970 in

Polen. 1981 wurde sie von der sowjetischen Führung als Drohung eingesetzt, um die polnischen Kommunisten und die Armee dazu zu drängen, das Kriegsrecht in Polen zu verhängen.

Diesen außenpolitischen Rahmen müssen wir berücksichtigen, wenn wir auf das Wunder von 1989 zurückblicken. Eine Legitimitätskrise, wie sie in der Sowjetunion und in allen kommunistischen Staaten existierte und immer stärker wurde, hat zwei Seiten: Die Beherrschten verlieren den Glauben an die Vorbildlichkeit und die Richtigkeit des Handelns der Herrschenden, und die Herrschenden sind sich selbst nicht mehr sicher, ob sie ihre Macht legitim ausüben. Das ist das Geheimnis des Legitimitätsproblems. Als sich die kommunistische Führungsmacht Sowjetunion, deren Panzer in jedem Land des Warschauer Pakts stand, entschieden hatte, nicht mehr jede Abweichung von der ideologischen Grundlinie oder gar jeden Protest in den anderen kommunistischen Ländern niederzuschlagen und statt dessen jedes dieser Regime selbst für die eigene Entwicklung verantwortlich sein sollte, waren die Betonköpfe in Prag, Ost-Berlin oder Sofia in der Zwickmühle, dass sie mit dem Reformdruck und der Legitimitätskrise zurechtkommen mussten, aber keine Antwort mehr darauf wussten, als die Bürger auf die Straße gingen und Freiheit wollten. 1989 war – das ist und bleibt die historische Bedeutung dieses Jahres – eine Revolution ohne Revolution. Es war eine andere Revolution, als wir sie mit der Französischen Revolution in den Schulbüchern vermittelt bekommen haben. Es war eine Revolution ohne Gewalt und ohne Tote. Stattdessen eine Revolution am Verhandlungstisch, eine Revolution im Dialog – sieht man von der Ausnahme Rumäniens ab. Die gewaltfreie Revolution als neuer Typus des Umsturz ist der bleibende Beitrag für die Geschichte Europas und für die Geschichte der europäischen Freiheitsbewegung.

Möge es heute auch noch eine Partei wie *Die Linke* oder vereinzelt auch noch *Kommunistische Parteien* in Ostmitteleuropa geben, so ist dennoch festzuhalten: Das moralische Fundament des Kommunismus ist 1989 zusammengebrochen. Der Kommunismus als auf die Zukunft gerichtete Utopie und als politische Bewegung ist weitgehend ein historisches, abgeschlossenes Kapitel. Aber auch der Zukunfts- und der Modernisierungslaube an sich sind erschüttert worden. Es ist kein Zufall, dass wir seitdem, seit wir immer weniger über Zukunft nachdenken und reden, die Geschichte und die Erinnerung in den Vordergrund aller gesellschaftlichen Bereiche rücken. Erinnern als gesellschaftliche Aufgabe, ja sogar der Begriff Erinnerungskultur und die damit verbundenen Praktiken, tauchen überhaupt erst nach 1989 auf.

Wenn es auch stimmt, dass mit 1989 die moralische Basis des Kommunismus zusammengebrochen ist, muss ich zwei wichtige Einschränkungen machen. Erstens spielte 1989 für die UdSSR keine Rolle. Zweitens: Am selben Tag, dem 4. Juni 1989, als in Polen halbfreie Wahlen stattfanden, bei denen die Solidarność einen überwältigenden Sieg errang und die kommunistische Parteiherrschaft öffentlich diskreditiert war, setzte die kommunistische Parteiführung in Peking die Panzer in Bewegung und richtete unter den Demonstranten auf dem Platz des Himmlischen Friedens, die sich für Reformen und Freiheit versammelt hatten, ein gewaltiges Blutbad an. Die globale Geschichte des Kommunismus ist mit 1989 nicht zu Ende. Das vergessen wir in unserer auf Deutschland zentrierten Sicht viel zu leicht. Das kommunistische Regime in China, das die eigenen Bürger ihrer Freiheits- und Bürgerrechte beraubt, Kritiker oder Dissidenten noch immer in Lager steckt, ist bis heute an der Macht, obwohl es selbst in China ein offenes Geheimnis ist, dass die Nomenklatura durch und durch korrupt und kriminell ist. Die Kommunistische Partei hat so viele Mitglieder wie Deutschland Einwohner. Ob das System allerdings noch etwas mit Kommunismus zu tun hat, sei dahingestellt.

Das lange Jahr 1989 endete erst mit der Auflösung der Sowjetunion Ende 1991. Nun erst war dieses Jahrhundert der Extreme abgewählt. Seitdem sind wir Zeuge einer atemberaubenden Entwicklung. Das Schöne am Ältersein ist, dass man sich verwundert die Augen reibt und erinnert: Welche Sorgen, Probleme und Unklarheiten gab es 1989, wohin die Reise wohl gehen mag? Aber was all diese postkommunistischen Länder in Ostmitteleuropa, die es viel schwieriger hatten, als die fünf neuen Bundesländer, in diesen 25 Jahren geleistet haben, ist atemberaubend. Der Soziologe Claus Offe hatte über das „Dilemma der Gleichzeitigkeit" geklagt und das Scheitern der Reformen befürchtet. All diese Länder mussten gleichzeitig eine neue Wirtschaft aufbauen, ein neues politisches System einführen und neue Staatsgrenzen definieren. Aber man braucht unter Umständen bereits klar definierte und anerkannte Staatsgrenzen sowie eine florierende Wirtschaft, um eine neue Politik machen zu können. Oder umgekehrt eine funktionierende Politik, um die rechtlichen Weichen für eine florierende Wirtschaft stellen zu können. Dieses Dilemma haben die Ostmitteleuropäer wider Erwarten weitgehend gelöst. Das ist in historischer Perspektive atemberaubend und bewundernswert.

1990 gingen wir davon aus, dass es nach der Überwindung der Spaltung des Kontinents nun ein vereinigtes großes Europa geben würde. Aber bereits in dieser ersten Phase nach der Wende entwickelten sich die Wege der Ostmitteleuropäer und der Osteuropäer mit Russland an der Spitze auseinander. In Russland war anders, dass in der Phase der Staatsgründung mehrfach Gewalt angewandt wurde – 1991 beim abgewehrten Putsch, vor allem aber im Herbst 1993, noch bevor die neue Verfassung verabschiedet wurde. Dies hat bis heute Auswirkungen auf die Form und die Tiefe der Aufarbeitung der Vergangenheit. Dass Präsident El'cin im Machtkampf mit dem noch aus der Sowjetunion hervorgegangenen Obersten Sowjet im Oktober 1993 das „Weiße Haus" als Parlamentsgebäude mit Panzern beschießen ließ, markierte mehr als einen Geburtsfehler des neuen Russlands. Damit war in Teilen der Bevölkerung der Glaube an Rechtsstaatlichkeit, Gewaltenteilung und Legitimität durch Verfahren schwer erschüttert. Damals hatten viele im

Westen weggeschaut, weil ja der „Richtige" schießen ließ. Der „Demokrat" El'cin ließ im Kampf gegen den von Roten und Braunen kontrollierten Obersten Sowjet die Panzer rollen. Viel wichtiger für den anderen Kurs, den Russland nach 1991 einschlug, und um zu verstehen, was in Russland heute passiert, bleibt jedoch etwas anderes. Nach dem Zusammenbruch der Sowjetunion wurden in Russland lediglich die Kommunistische Partei der UdSSR und die zentrale Planungsbehörde *Gosplan* aufgelöst. Alle anderen relevanten Institutionen, die die Idee des sowjetischen Staates und des staatlichen Gewaltmonopols verkörperten, blieben erhalten. Sie existieren bis heute de facto unreformiert fort: die Armee, das Innenministerium, die Staatsanwaltschaft, das Justizwesen, die Geheimdienste. Dies hat Implikationen für die Aufarbeitung der Vergangenheit. Angesichts dieser institutionellen und personellen Kontinuität war und ist es nicht so einfach, sich mit der eigenen kommunistischen Periode auseinanderzusetzen, wie das in Ostmitteleuropa der Fall war. Dort lautete das vorherrschende Narrativ über 40 Jahre Kommunismus von 1945 bzw. 1949 bis 1989 so: Wir sind alle nur Opfer gewesen. Wir sind Opfer der sowjetischen Besatzer gewesen.

Über die eigenen Täter, jene, die als Kollaborateure am Aufbau der kommunistischen Regime mitgewirkt haben, über die überzeugten Kommunisten, wurde in den ostmitteleuropäischen Ländern sehr wenig gesprochen. Psychisch und erinnerungspolitisch war dies der einfachste Zugang. Erst seit dem Beitritt zur EU 2004 wird darüber in der politischen Öffentlichkeit dieser Länder differenzierter nachgedacht. Deutschland – hier mit der Geschichte der DDR –, ist ein Sonderfall. Mit der Rede von der zweiten Diktatur akzeptiert die Gesellschaft in einer ähnlichen Weise das, was auch seit Mitte der 1980er Jahre den Umgang der Deutschen mit dem Nationalsozialismus ausmacht. Deutschland erkennt die Verantwortung der Täterschaft an, bekennt sich zu den Taten und leitet aus den Taten von gestern eine spezifische Verantwortung für heute ab: Das gilt sowohl für den Nationalsozialismus, den Zivilisationsbruch des Holocaust als auch für die kommunistische Parteiherrschaft.

In Russland ist das völlig anders. In der Perestrojka war der gesellschaftliche Aufbruch von der Auseinandersetzung mit der eigenen Geschichte befeuert. In Millionenauflagen erschienen Zeitungen, Publikationen und Bücher, die sich mit Fragen wie diesen beschäftigen: Warum wurde mein Großvater 1937 umgebracht? Warum wurden Hunderttausende erschossen, Millionen in Lager gesteckt? Was war der Stalinismus? Das waren relevante Themen 1989. Es war natürlich kein Zufall, dass in dieser Phase unter Mitwirkung von Andrej Sacharov und anderen politischen Lagerinsassen wie Arsenij Roginskij die Menschenrechtsorganisation *Memorial* gegründet wurde, die ein starkes historisches Profil zur Aufarbeitung der stalinistischen und kommunistischen Vergangenheit hat. Plötzlich wurde die Frage gestellt, wie es um die Schattenseiten der sowjetischen Geschichte bestellt ist.

Heute, da die Kernelemente der politischen Ordnung in Russland, die laut Verfassung von 1993 eine Demokratie sein soll, in der es Gewaltenteilung und Föderalismus gibt, nahezu wieder vollständig zerstört sind und ein stabiles autoritäres Regime existiert, wird deutlich, dass es einen Zusammenhang zwischen Vergangenheitsbewältigung und Gegenwartsorientierung gibt. Besonders deutlich wird dies seit dem Aufstieg des KGB-Obersten und damaligen FSB-Chefs Vladimir Putin 1999 an die Spitze der Macht. Eines ist diesem Herren fremd: ein differenziertes Geschichtsbild, das etwa auch die Verbrechen der Kommunistischen Partei sowie eines ihrer repressiven Stützen, ob sie nun Tscheka, NKWD, KGB oder FSB heißt, enthalten würde. Im Gegenteil, der Korpsgeist, dass die Tschekisten, *porjadočnye ljudi*, ordentliche Leute seien, existiert bis heute. Und ebenfalls bis heute sind Putin & seine Entourage stolz darauf, in der Tradition von Dzierżyński oder Andropov zu stehen. Statt differenzierter Aufarbeitung der Vergangenheit ist unter Putin eine patriotische Geschichtsschreibung und Erinnerungskultur in den

Vordergrund gerückt, welche die vermeintliche Stärke, die Größe, das Imperiale und Autoritäre der russischen und sowjetischen Geschichte betonen. Da sind die Verbrechen, die Ermordung von über 20 000 Offizieren in Katyń plötzlich wieder ein Tabu, über die während der Perestrojka erstmals offen gesprochen wurde. 2009 wurde eine Kommission eingesetzt, welche die „Verfälschung der sowjetischen Geschichte" verhindern sollte. Das Ganze geschah im Umfeld des 20. Jahrestags der Öffnung der Akten. Während der Perestrojka hatte Gorbačev mit der Lüge aufgeräumt und zugegeben, dass es 1939 nicht nur den Hitler-Stalin-Pakt gegeben hatte, mit dem die Sowjetunion und NS-Deutschland fast zwei Jahre lang Bündnispartner gewesen waren und Polen unter sich aufteilten, sondern dass es auch das geheime Zusatzprotokoll gab, in dem sie die Aufteilung anderer ostmitteleuropäischen Länder regelten. In der Perestrojka war überall die Wahrheit zu erfahren: Dass es in Brest gemeinsame Militärparaden von Roter Armee und Wehrmacht gegeben hatte, dass der NKWD politische Gefangene, Kommunisten aber auch Juden der Gestapo übergeben hatte und auch die Gestapo dem NKWD zugearbeitet hatte. Das war unter Gorbačev 1989 in der Öffentlichkeit präsent. Unter Putin wird dieses Wissen wieder kriminalisiert, soll am besten unter dem Mantel des Verschweigens verdrängt werden.

Das ist kein akademisches, sondern ein politisches Problem. Seit 1991 steht immer wieder die Frage im Raum, wie die Gesellschaften mit der Diktaturerfahrung umgehen. Das gilt nicht nur für Deutschland, sondern für Länder im Osten Europas, die zwei – berücksichtigt man die autoritären Regime nach dem Ersten Weltkrieg –, sogar drei Diktaturerfahrungen haben. Das Problem lässt sich auf die Frage zuspitzen: Wie sollen wir den Nationalsozialismus und den Stalinismus behandeln? Seit dem Historikerstreit 1986 in der alten Bundesrepublik wird damit immer wieder das Gebot verbunden, dass der Vergleich der totalitären Ordnungen nicht zulässig sei. Implizit lautet die Annahme, dass der bloße Vergleich des Nationalsozialismus mit dem Stalinismus die Relativierung des Nationalsozialismus bedeute. Das ist schlicht Unfug! Aber immer wieder löst der bloße Vergleich Skandale aus, etwa auf der Leipziger Buchmesse 2004, als die ehemalige lettische Außenministerin Sandra Kalniete darauf hinwies, dass ihre Familie im Gulag Opfer einer Diktatur war und die beiden totalitären Systeme, der Stalinismus und der Nationalsozialismus, gleichermaßen kriminell seien. Das gab einen

Skandal. So sah Salomon Korn vom Zentralrat der Juden in Deutschland darin eine Gleichsetzung! Diese sei nicht zulässig, weil sie den Genozid an den europäischen Juden relativiere. 2008 brach in Deutschland bei der Debatte über das neue Gedenkstättenkonzept wieder die Diskussion aus. Zuletzt meldete sich in der Diskussion über die Gedenkstätte

Leistikowstraße in Potsdam Wolfgang Benz zu Wort. Dieser Historiker, langjähriger Leiter des Berliner „Zentrums für Antisemitismusforschung" und sicher einer der wichtigsten geschichtspolitischen Akteure der Bundesrepublik, kritisierte das Bestreben, den 23. August, das Datum des Hitler-Stalin-Pakts, als internationalen Gedenktag für die Opfer des Stalinismus und Nationalsozialismus zu begehen. Benz schreibt:

„Die Einebnung der Unterschiede zwischen kommunistischem Terror und nationalsozialistischem Völkermord ist die Folge – beabsichtigt von Interessenten, beklagt von denen, deren Streben nach einem differenzierteren Geschichtsbild geht, in dem die Opfer der einen wie die Opfer der anderen ihren richtigen Platz haben. Das pauschale Gedenken, das der 23. August symbolisiert, nivelliert die Unterschiede zwischen nationalsozialistischer Verfolgung und kommunistischem Terror und marginalisiert damit den Judenmord wie den Genozid an Sinti und Roma."

Diese Denkfigur ist relativ typisch und hält sich bis heute. Das erste, was mich immer wieder aufs Neue irritiert, ist das verbreitete falsche Verständnis des „Vergleich". Selbstverständlich kann ich alles vergleichen. Vergleichen heißt gerade nicht Gleichsetzung. Es gibt einen Unterschied zwischen Vergleichen und Gleichsetzen. Dieser Unsinn schwingt auch in der deutschen Redewendung mit: „Du kannst doch nicht Äpfel und Birnen miteinander vergleichen", heißt es. Wieso eigentlich nicht? Selbstverständlich können wir das, es hängt immer von der Fragestellung ab.

Wenn wir wissen wollen, wie das individuelle Leiden in einer Diktatur ist, dann kommen wir nicht umhin zu sagen, dass es aus der Perspektive des Opfers keinen Unterschied gibt, ob es von einem NKWDler oder einem SS-Mann ermordet wird. Das Ergebnis des Mordes, des politisch motivierten Mordes, ist aus der Perspektive des Opfers, in der es um das individuelle Leiden geht und die nach der Wirkung der Gewalt fragt, das was zählt. Diesen Streit über das Vergleichsgebot müssen wir aushalten. Denn Streit integriert. Nur der Vergleich eröffnet neue Einsich-

ten und Erkenntnisse. Wenn Sie daran denken, welche Folgen die Debatte über die Vertreibung hatte, würde ich sagen, der Streit war richtig
und nützlich. Er hat dazu geführt, dass niemand im politischen Geschäft
Europas die Leidenserfahrung der Vertriebenen, das Verbrechen und
die Menschenrechtsverletzungen durch Vertreibung ignorieren kann.
Heute führt das Thema „Vertreibung" im deutsch-polnischen Verhältnis
zu keinen Konflikten mehr. Es regt auch in Tschechien niemanden mehr
auf, wenn wir sagen, dass die Beneš-Dekrete die Grundlage für massive
Menschenrechtsverletzungen an den Sudetendeutschen waren. Warum
ist es heute möglich, das zu sagen, darüber zu reden, ohne dass es mehr
internationale diplomatische Konflikte heraufbeschwört wie noch vor
zwanzig Jahren? Weil die Bezugsgröße eine andere geworden ist. Mit
Srebrenica, mit dem Jugoslawienkrieg haben diejenigen, die früher ide-
ologisch hinter jedem Vertreibungsdiskurs Revanchismus und eine Politik der Reaktion vermuteten, erkannt, dass sie Unrecht haben. Ähnlich
sollte es mit der doppelten Diktaturerfahrung sein. Seit Jahren gibt es
zum Umgang mit Stalinismus und Nationalsozialismus einen kategori-
schen Imperativ, den der Historiker Bernd Faulenbach formuliert hat.
Er lautet: „Die Erinnerung an den Stalinismus darf die Erinnerung an
den Holocaust nicht relativieren. Die Erinnerung an den Holocaust darf
die Erinnerung an den Stalinismus nicht bagatellisieren."
Das ist ganz einfach und in vollendeter Klarheit der Punkt, von dem aus
wir die Aufarbeitung der Vergangenheit in Ost und West diskutieren
sollten. Wir haben durch die Osterweiterung der Europäischen Union
auch eine Osterweiterung unseres historischen Horizonts erfahren.
Diese ist bei Weitem nicht abgeschlossen. Aber unser historischer Hori-
zont hat sich in den vergangenen 25 Jahren in einer erheblichen Weise
erweitert. Das nehmen viele in ihrer Binnenzentriertheit und dem all-
täglichen Klein-Klein nicht wahr. Stattdessen klagen sie, dass die Menschen nicht wüssten, was im Osten passierte, dass niemand sich mit den

Verbrechen der Kommunisten auseinandersetzen wolle, dass niemand davon hören wolle.

Das sehe ich anders. Dass es auch anders ist, dafür gibt es einige Indizien. Einige Beispiele: Im Jahre 2014 ist das Wissen über den Gulag gegenüber dem, was 1990/91 vorhanden und bekannt war, enorm gewachsen. Ein Autor wie Varlam Šalamov, dessen Werk in seiner literarischen Bedeutung weit über Solženicyn hinausgeht, war 1991 nur wenigen Experten bekannt. Mittlerweile ist sein Werk in ganz Europa übersetzt. Šalamov ist eine der wichtigsten Stimme des 20. Jahrhunderts über das, was der Mensch dem Menschen im Lager antun kann. Während des Ost-West-Konflikts war Šalamov als vermeintlicher Trotzkist vor allen Dingen von den französischen Trotzkisten rezipiert worden, die zu doof waren zu durchschauen, dass der Generalstaatsanwalt bei der Verurteilung von Šalamov 1928 ihn unter Verwendung zeitgenössischer ideologischer Etiketten als Trotzkisten brandmarkte und ihn dann als Volksfeind in die Lager an der Kolyma bringen ließ. Mit derart schematischen politischen Übertragungen liest heute kein Mensch mehr Varlam Šalamov.

Dasselbe gilt für den wichtigsten, wortmächtigsten Menschen, den einzigen, der es geschafft hat, für die Verbrechen des Nationalsozialismus, für die Verbrechen des Stalinismus, für den Antisemitismus und für die Menschenverachtung des Krieges eine Sprache zu finden. Ich spreche von Vasilij Grossman und seinem Buch „Leben und Schicksal". Das ist in einer Art und Weise mittlerweile in Europa rezipiert worden, wie es während des Ost-West-Konflikts undenkbar war. Natürlich können Sie einwenden, das sind alles Einzelheiten, sind Kleinigkeiten, aber das sind Indikatoren, so wie es ein Indikator ist, dass ausgerechnet in einer Phase der internationalen Krisen und des verbreiteten Krisenbewusstseins in der EU eben Bücher über den Ersten Weltkrieg, über die Krise vor 1914 und den Weg in den Krieg, zu Bestsellern werden.

Ein weiterer Indikator sind die institutionellen Veränderungen der vergangenen Jahrzehnte. Wir haben institutionell unglaublich viel erreicht. Es gibt eine Vielzahl von Stiftungen, die sich um die Pflege der Erinnerung an die Opfer totalitärer Herrschaft in Europa kümmern. In Deutschland gibt es – um nur zwei zu nennen, die Stiftung Erinnerung Verantwortung, Zukunft oder die Stiftung Aufarbeitung, die sich der Geschichte der DDR und des Kommunismus widmet. Geschichtspolitisch haben der Europarat und die Europäischen Union Erklärungen verabschiedet, dass Europas Gewissen und die Geschichte des Totalitarismus Anlass sein sollen, am 23. August der Opfer beider Totalitarismen zu gedenken.

Was ist noch anders? Heute findet die Aufarbeitung mit der Vergangenheit viel weniger unter ideologischen Vorzeichen und entsprechend weniger verzerrt statt, als dies noch vor 25 Jahren der Fall war. Auch die Perspektive ist heute weiter: Aus der politischen Bildung und der Erinnerungskultur ist das Opfer nicht mehr wegzudenken. Das ist ein Erfolg von vielfältigen Aktivitäten, gerade auch von Aufklärungsinitiativen, Gedenkstätten vor Ort oder Geschichtsprojekten.

Aber doch gibt es 25 Jahre nach der Wende ein Problem, das ich nicht verhehlen möchte. Es handelt sich um eine Schieflage. In manchen Bereichen sind wir viel zu vergangenheitsbezogen. Das Erinnern an die Opfer kann geschichtsbezogen oder gegenwartsorientiert sein. Heute wissen wir mehr über gestern als über heute. Wir wissen sehr viel mehr über die Geschichte der Sowjetunion als über das autoritäre Russland der Gegenwart. Wir haben 60 Professuren für Osteuropäische Geschichte in Deutschland aber nur noch drei Professuren für Vergleichende Politikwissenschaft mit Schwerpunkt Russland, die sich überhaupt diesen Fragen noch widmen. Wir wissen eine Menge über den NKWD, wir haben dank der Arbeiten von *Memorial* und anderen Geschichtsinitiativen Massen von Dokumenten veröffentlicht, die darauf warten, aufgearbeitet zu werden. Aber wir wissen nichts über die Funktionsweise des FSB. Wie lauten die Namen derer im engsten Machtzirkel um Putin, welche auf der Krim die Operation nach dem Lehrbuch der Geheimdienste in Gang setzten? Die Kapitel lauten: 1. Destabilisierung, 2. Quisling suchen, 3. ihn einsetzen, 4. ihn um Hilfe rufen lassen, 5. Pseudoselbstverteidigungskräfte mobilisieren, 6. Referendum durchführen, 7. Annexion. Historikern ist das Verfahren aus der Okkupation und Annexion der baltischen Staaten seit dem Zweiten Weltkrieg bekannt. Aber wir wissen es nicht. Wir wissen es nicht, obwohl wir in Deutschland uns aufgrund der doppelten Diktaturvergangenheit, der Stasi-Geschichte und der internationalen Vernetzung auch mit diesen spezifischen Fragen der institutionellen und personellen Kontinuität auseinandersetzen müssten. Das ist meines Erachtens der schlechte Befund – 25 Jahre nach der Wende!

Vergangenheit und Gegenwart schließen sich nicht aus, sondern sie bedingen sich einander. Wir brauchen historische Orientierung, um uns in der Gegenwart bewegen zu können. Was folgt daraus? Aleida Assmann schreibt in ihrem Buch „Unbehagen an der Erinnerungskultur": „Antisemitismus und Rassismus sind eine europäische Gefahr, gegen die die Holocaust-Erinnerung als Immunisierungsstrategie aufgeboten wird. Wir können aber ebenso wenig sicher sein, dass die Verführungen des linken Totalitarismus passé sind. Die Erinnerung an die Gewaltgeschichte des Kommunismus muss dabei vom Feindbild stereotyp aus Zeiten des Kalten Krieges gelöst und auf die Grundlagen der konkreten Erfahrungsgeschichte ihrer Opfer gestellt werden. Eine Erinnerungsgeschichte, die die stalinistische kommunistische Opfererfahrung mit der Holocaust-Erfahrung verbindet, könnte das europäische Credo für Menschenrechte stärken und die Europäer vor Rückfällen in Gewaltverherrlichung und autokratische Strukturen schützen."

Das ist alles richtig: Aber Frau Assmann ist in einem Punkt schon wieder überholt. Was heißt hier eigentlich „Rückfälle in Gewaltverherrlichung und autokratische Strukturen"? Wir sind mit einer Europäischen

Union konfrontiert, an deren Rändern autokratische Parteien Erfolge erzielen, in Frankreich Le Pens *Front National*, in Ungarn *Jobbik*, die offen nationalsozialistisches, rassistisches, antisemitisches Gedankengut verbreitet, und dafür fast 20 Prozent der Stimmen bekommt. Wir sind mit linken Parteien wie in Griechenland konfrontiert, die Gewalt verherrlichen und autokratische Strukturen haben. Das ist die Lage. Angesichts der Entwicklung in Russland ist es notwendig, sich mit diesen Fragen auseinanderzusetzen. In der Ukraine gingen im November die Leute für Europa auf die Straße, während in Westeuropa die Leute europamüde sind. Die Ukrainer haben uns daran erinnert, worin der Kern der europäischen Werte besteht. Sie gingen nicht für die Unterzeichnung des Assoziationsabkommens auf die Straße, sondern sie gingen für die Würde des einzelnen Menschen auf die Straße, in Freiheit vor den Zumutungen einer kriminellen, korrupten, autokratischen Janukovyč-Diktatur leben zu wollen. Sie plädierten dafür, dass die Herrschenden durch den Rechtsstaat, die Verfassung und die Gewaltenteilung kontrolliert werden. Wenn Sie die Möglichkeit haben, lesen Sie dagegen Putins Rede vom 18. März, als die Krim und Sewastopol aufgenommen wurden. Er ruft dazu auf, die „Nationalverräter", die „fünfte Kolonne" und „ausländische Agenten" im eigenen Land zu verfolgen. Diese Kampagne geht seit 2012. Betroffen sind unter anderem das Menschenrechtszentrum *Memorial* und das beste soziologische Institut Russlands, das *Lewada-Zentrum*. Dieses Zentrum leistet kritische Sozialwissenschaften im besten Sinne. Es hält der Gesellschaft einen Spiegel vor. Es beschäftigt sich mit der Frage, was der Kommunismus aus dem Menschen gemacht hat, was den „Autoritären Charakter" prägt und den *Homo Sovieticus* charakterisiert. Ein Rätsel lautet: Warum ist die Sowjetunion untergegangen, aber der Sowjetmensch mit seiner autoritären und imperialen Disposition existiert fort. Das *Lewada-Zentrum*, Menschenrechtler, NGOs, Oppositionelle sogar einzelne Historiker stehen in diesen Zeiten mit dem Rücken an der Wand.

Gegenwartsorientierung heißt in dieser Situation: Sie verdienen Unterstützung. Sie verdienen Unterstützung und Solidarität in ihrem Kampf für die Freiheit. Aus dem Geist der Freiheit, für die das lange Jahr 1989 steht.

Berichte aus den Verbänden

Martin Gutzeit, der Berliner Landesbeauftragte für die Stasi-Unterlagen, moderiert das Verbändeforum. Die anderen Landesbeauftragten: Ulrike Poppe, Anne Drescher, Christian Dietrich, Birgit Neumann-Becker und Lutz Rathenow folgen Klaus Gronau.

"Meine Akte und ich" am Staatsschauspiel Dresden

Eine Recherche über die Staatssicherheit in Dresden | Die Bürgerbühne
Regie: *Clemens Bechtel* | Kleines Haus 3

In der Inszenierung „Meine Akte und ich" lädt Regisseur Clemens Bechtel neun Dresdner Bürgerinnen und Bürger, die Erfahrung mit Akten der Staatssicherheit haben, auf die Bühne. Dies geschieht im Rahmen des internationalen Projekts „Parallel Lives", in welchem Theater aus sechs ehemaligen Ostblock-Staaten die Geschichte ihrer Geheimdienste bearbeiten. Die Staatssicherheit der ehemaligen DDR zeichnete sich im Vergleich zu anderen Geheimdiensten vor allem durch die Akribie aus, mit der Menschen und ihre Lebensgeschichten beobachtet wurden. Ob die Dokumente wirklich eine relevante Auskunft über das Leben der Menschen geben, ob sich anhand dieser Protokolle Geschichte rekonstruieren lässt und inwiefern sich der heutige Blick auf diese Akten zu damals unterscheidet, untersucht der Regisseur Clemens Bechtel zusammen mit seinem Ensemble in einem ergreifenden Stück Zeitgeschichte. Die Akte als Reiseführer in eine vergangene Zeit, die nicht selten eine kafkaeske Grundsituation schafft, ‚schließt' die DDR als geschlossenes System – in dem jeder beobachtet und beobachtet wird – auf und gewährt spannende Einblicke in unsere deutsch-deutsche Geschichte.

Clemens Bechtel wurde für seine Inszenierung „Staatssicherheiten" mit dem Friedrich-Luft-Preis 2009 ausgezeichnet.

Besetzung:
Gottfried Dutschke, Max Fischer, Jürgen Gottschalk, Catharina Laube, Evelin Ledig-Adam, Ilona Rau, Michael Schlosser, Peter Wachs, Andreas Warschau

Impressionen aus den Podien

Was, wenn die Akten fehlen?
Eine Spurensuche zwischen London und Moskau

Dr. Nancy Aris
Stellvertretende Sächsische Landesbeauftragte für die Stasi-Unterlagen

Liebe Angehörige,
sehr geehrte Damen und Herren,
zwischen 1945 und 1955 verurteilten Sowjetische Militärgerichte, so genannte Militärtribunale, in der Sowjetischen Besatzungszone und später in der DDR, 40.000 Menschen. Die meisten wurden zu langen Haftstrafen verurteilt, etwa 3000 zum Tode. Auch hier auf der Bautzner Straße – damals Haftanstalt des sowjetischen Geheimdienstes – tagte regelmäßig so ein Militärtribunal.
Sieben von den zum Tode Verurteilten wurden genau gestern vor 63 Jahren in Moskau hingerichtet. An sie wollen wir mit dieser Gedenkveranstaltung erinnern.
Gerhard Hoffmeister, Wolfgang Mochwitz, Günter Päsler, Gerhard Peter, Günther Plischke, Werner Schild von Spannenberg, Herbert Sonntag.
Sieben Namen, die sich schnell weglesen.
Doch wer waren diese Männer und warum hatte man sie in einem Gruppenprozess zum Tode verurteilt?

Bis Ende der 1990er Jahre war kaum etwas bekannt über die in Moskau Erschossenen. Das lag nicht zuletzt an der Verschleierungstaktik des Geheimdienstes, der Dokumente gefälscht und Angehörige bewusst getäuscht hatte. Erst das Forschungsprojekt „Erschossen in Moskau. Deutsche Tote auf dem Donskoje-Friedhof" brachte etwas Licht ins Dunkel.

Unter anderem kam heraus, dass die sieben Genannten verhaftet worden waren, weil die Sowjets sie für eine Widerstandsgruppe hielten, die Spionage für den britischen Geheimdienst betrieb. Alle sieben – bis auf Werner Schild von Spannenberg, der vermeintliche Kopf der Gruppe, arbeiteten bei der Wismut, die Uran für das sowjetische Atombombenprojekt lieferte.

Wie geht man damit um, wenn man nur die Anschuldigungen kennt, aber nichts über die tatsächlichen Hintergründe weiß?

Zuerst suchte ich nach Angehörigen. Doch mir schien, dass sie kaum mehr wussten als die Anschuldigungen der Sowjets. Die Vertuschungstaktik von damals gepaart mit der jahrlangen Ungewissheit und der irgendwann einsetzenden Verdrängung schien zu einer Erinnerungsschablone zusammengeflossen.

Wo konnte ich mehr erfahren?

Natürlich wollte ich die Akten des sowjetischen Geheimdienstes sehen. Die bundesweit zentrale Stelle zur Schicksalsklärung ist die Dokumentationsstelle in Dresden. Sie verwaltet auch die Akten des Auswärtigen Amtes, das bis 2008 dafür zuständig war. Möchte man als Forscher oder Angehöriger Einsicht nehmen in Vernehmungsprotokolle oder Prozessunterlagen, so ist dies ausschließlich nach erfolgter Rehabilitierung möglich. Das heißt, das nur dann Unterlagen herausgegeben werden, wenn der Betreffende vom Militärstaatsanwalt der Russischen Föderation rehabilitiert wurde. Meine Anfrage beim Auswärtigen Amt und in der Dokumentationsstelle ergab, dass über diese Stellen für keinen der Sieben eine Rehabilitierung beantragt worden war. Deshalb erwogen wir als Behörde diesen Schritt, wägten ab und entschieden uns letztlich dagegen.

Warum?

Weil es kaum nachvollziehbar ist, nach welchen Kriterien rehabilitiert wird. Zuweilen scheint es, als ob Entscheidungen je nach politischer Großwetterlage gefällt werden. Erwischt man einen schlechten Zeitpunkt, kann dies eine Ablehnung zur Folge haben. Dies würde bedeuten,

dass der Aktenzugang für immer gesperrt bliebe.

Um dies nicht zu riskieren, wählte ich einen alternativen Weg. Ich wandte mich stattdessen zunächst an einen mir bekannten Historiker, der in Moskau im Deutschen Historischen Institut (DHI) tätig ist und viel im Geheimdienstarchiv recherchiert. Er sollte für mich eine offizielle Schicksalsklärungsanfrage des DHI auf den Weg bringen, nicht zuletzt auch, um ein Stimmungsbild der russischen Verwaltung einzuholen.

Am 17. Dezember 2013 erhielt ich Antwort aus dem Zentralarchiv des Russischen Geheimdienstes in Moskau. Man teilte mir mit, dass das Militärkollegium des Obersten Gerichtes der Russischen Föderation am 18. Oktober 2007 beschlossen hatte, alle sieben nicht zu rehabilitieren. Damit hatte sich dieser Weg erübrigt.

Parallel dazu beauftragten wir das Berliner Forschungsinstitut Facts & Files. Sie hatten das eingangs erwähnte Projekt geleitet und eine Vielzahl von Unterlagen ausgewertet. Sie kamen in ihrem Rechercheriebericht zu dem Schluss, dass Anhaltspunkte für eine nachrichtendienstliche Aktivität vorlägen. Jemand, der mit Werner Schild von Spannenberg die Zelle geteilt hatte und als Spitzel auf ihn angesetzt war, hatte Jahre später davon erzählt. Für mich waren auch das keine Beweise, sondern Mutmaßungen.

Da bislang niemand versucht hatte, den vermeintlichen Auftraggeber, den Britischen Geheimdienst, anzufragen, tat ich es. Nach zwei Wochen erhielt ich Antwort vom Secret Intelligence Service:

„Wie Sie vielleicht wissen, ist es ein seit langer Zeit bestehender Grundsatz des Britischen Geheimdienstes, weder zu bestätigen noch zu verneinen, ob eine Person für den Britischen Geheimdienst gearbeitet habe oder ob der Britische Geheimdienst Akten zu einer Person führt."

Nach diesen Recherchen, die sich über ein halbes Jahr hinzogen, war ich genauso schlau wie zuvor.

Warum habe ich das alles so ausführlich dargestellt?

Um zu zeigen, wie kompliziert es ist, die Einzelschicksale angemessen zu beurteilen. Und da bin ich noch nicht einmal bei der Frage, wie die Tätigkeit für den britischen Geheimdienst, wenn es sie denn überhaupt gab, eingeschätzt werden sollte. Könnte man darin nicht auch einen Akt des Widerstandes sehen? Und ich bin nicht bei der Frage, ob das Strafmaß überhaupt angemessen war und welche Folgen sich für die Familien ergaben.

Ich habe das auch erzählt, um die Hoffnung der Historiker, mit Akten alles erklären zu können, etwas zu zerstreuen. Denn selbst wenn wir sie hätten - was würden uns die unter Druck entstandenen Vernehmungsprotokolle sagen?

Angehörige von in Moskau Erschossenen in der ersten Reihe

Für mich sind diese Schicksale nicht aufklärbar. Gerade deshalb erscheint es mir wichtig, noch einmal auf das große Ganze zu schauen.

Im Oktober 1949 wurde die DDR gegründet. Kurz darauf übergab die sowjetische Besatzungsmacht sowohl Rechtsprechung als auch Strafvollzug offiziell der DDR-Verwaltung. Diejenigen, die dann noch DDR-Bürger an sowjetische Stellen auslieferten, handelten, wenn es sich nicht um NS-Verbrecher handelte, deren Auslieferung durch das höherrangige Alliierten-Recht sanktioniert war, gesetzeswidrig, denn es galt ein verfassungsrechtlich fixiertes Auslieferungsverbot. Heute wissen wir, dass etwa die Hälfte der später in Moskau Erschossenen von der Staatssicherheit und Volkspolizei verhaftet und wie es hieß „an die Freunde" übergeben wurden.

Seit 1949 galt in der DDR eine eigene Rechtsprechung. Das Aufrechterhalten einer parallelen sowjetischen Rechtsprechung auf dem Gebiet der DDR und die Verurteilung von DDR-Bürgern nach sowjetischem Strafrecht war nicht statthaft. Hinzu kam, dass Militärgerichte überhaupt nicht für Zivilisten zuständig waren.

Schaut man auf die sowjetische Rechtspraxis, wird offenbar, dass elementarste rechtsstaatliche Grundsätze missachtet wurden. Geständnisse unter Folter ersetzten die Beweisaufnahme. Es gab keinen Rechtsbeistand, Zeugenanhörungen wurden kategorisch abgelehnt. Die Verhöre und Verhandlungen fanden auf Russisch statt, oft dauerte ein Prozess nur wenige Minuten, da das Urteil bereits vorher feststand. Schließlich waren die Strafen unangemessen hoch.

Wenn wir uns heute also vielleicht fragen, ob es angemessen erscheint, an mutmaßliche Geheimdienstagenten zu erinnern, dann sollten wir, denke ich, genau dies in den Mittelpunkt der Betrachtung rücken.

Auch wenn es kaum noch zu rekonstruieren ist, was damals tatsächlich geschah, dürfen wir nicht vergessen, dass die Beschuldigten nie die Möglichkeit hatten, ihre Unschuld zu beweisen und sie dies bis heute nicht können. Jede Zuschreibung, die wir vornehmen, wird bleiben und kann von den Toten nicht angefochten werden.

Aus dieser Verantwortung heraus bleibt uns, an die Willkür zu erinnern, der sie ausgesetzt waren. Auch deshalb, weil die Angehörigen jahrzehntelang im Ungewissen gelassen wurden. Die 923 namenlos auf dem Donskoje-Friedhof Verscharrten starben nicht an Typhus oder Herzversagen, sie wurden in Moskau erschossen und sie haben einen

Namen. Diesem Unrecht ein Gesicht zu geben und daran zu erinnern, ist unser Auftrag. Deshalb freue ich mich ganz besonders, dass heute Angehörige von Werner Schild von Spannenberg, Herbert Sonntag, Werner Henschke, Karl Hartwert Haedicke und Max Lipski unserer Einladung gefolgt sind und unter uns weilen.

Christoph Sonntag und Jörg Schild von Spannenberg im Gespräch

Gedenkansprache von Burkart Pilz
Oberlandeskirchenrat der Evangelisch-Lutherischen Landeskirche Sachsens

Sehr geehrte Damen und Herren,
„Verweigerte Erinnerung ist Mord",
sagt ein jüdisches Sprichwort.
Es ist gut und heilvoll, wenn wir erinnern, aufarbeiten, Namenlosen eine
Sprache geben.
Wir finden uns nicht zurecht wenn
wir Erinnerung verweigern.
Gedenken weist aber nicht einfach
zurück auf das Vergangene - das auch
- aber sie blickt mit dem Erinnern
auch in die Zukunft.
Verweigerte oder unterdrückte und geschönte Erinnerung macht uns
zu ortlosen Fremden, zu Mittätern auch.
Verweigerte Erinnerung lässt Unrecht erneut Raum. Verweigerte Erinnerung lässt Raum für relativierende Umdeutungen.
Dieses Gedenken - für mich als Mensch der Kirche im Namen Gottes - ist
ein Zeichen, dass Unrecht nicht einfach ungeschehen zu machen ist,
dass Gewalt nicht einfach vergessen wird.
Die Jahre zwischen dem Tod Stalins und der Gründung der DDR war
eine Zeit bedrückender stalinistischer Verbrechen.
1951 - am 26. April, vor 63 Jahren also, wurden sieben Männer in Moskau hingerichtet. Es war eine menschenverachtende Ideologie, die sol-
che Verfahren im Unrechtscharakter erzeugt hat. Und diese Urteile waren Unrecht.
„Das Vergessen – wollen verlängert das Exil", sagt die jüdische Weisheit
auch - mit der Erfahrung der Vertreibung und Auslöschung.

Das Geheimnis der Erlösung heißt Erinnerung, sagen wir heute.

Es ist gut und heilvoll zu erinnern. Nicht nur für unsere ganze Kultur, für diese Stadt, auch und zuvorderst gibt das Erinnern den Opfern und

ihren Familien die verlorene Würde zurück, auch wenn viele nicht mehr am Leben sind.

Keiner soll mit erlittenem Unrecht und mit seiner Vergangenheit allein bleiben. Das sind wir uns schuldig. Einander.

Erst recht, weil so viele Jahre unklar gewesen ist, was mit den Menschen geschehen ist, die von Sowjetischen Militärtribunalen zum Tode verurteilt wurden.

Noch heute gibt es Menschen, die nicht wissen, was mit den 1950 verschwundenen Angehörigen, Freunden Nachbarn geschehen ist.

Christliche Kirche war immer auch in besonderer Weise ein Ort der Erinnerung.

Glaube erinnert, holt wieder.

Kirche ist immer auch ein Ort, der Menschheitswissen bewahrt, aufhebt, vor der Verflüchtigung beschützt.

Christlicher Glaube weiß: Erinnerung schafft Identität, ein Wissen, woher wir kommen und wozu wir da sind. Wer nicht erinnert, entwurzelt sich selbst.

Erinnern ist auch ein Akt des Erbarmens. Wir wärmen die Toten, wenn wir ihrer Leiden gedenken. Wir benennen das Unrecht – nur so wird ein Land zur Heimat.

„Zu einem bewohnbaren Land mit einer bewohnbaren Sprache" wie Heinrich Böll das einmal genannt hat.

Heimat ist der Ort der gehäuften Erinnerung.

Das Vergessen des Unrechts, das Vergessen der Toten planiert unsere Lebenslandschaft und macht sie unwirtlich.

Man lernt, wer man ist, wenn man weiß, woher man kommt.

Deshalb macht lebendige Erinnerung unser Land, diese Stadt, diesen Ort hier auf der Bautzner Straße gerade nicht zu einem Schreckensplatz – im Gegenteil. Man kann nicht atmen an den Orten, an denen das Gedächtnis und die Erinnerung an Opfer nicht möglich sind.

Und wir können froh sein, dass hier mit dieser Gedenkstätte immer wieder wir uns der dunklen Seite dieses Ortes stellen, sie nicht wegdrücken im Licht der barocken Residenzstadt.

Dieses hier geschehen Unrecht gehört auch zur Geschichte Dresdens. Die in Moskau Hingerichteten, haben hier ihr unrechtes Urteil gehört.

Hier fanden Verhöre statt, hier wurden Urteile gesprochen. In den Gängen des Fuchsbaus befand sich die U-Haft des NKWD.

Jeder Opfer - Name, und die Namenlosen werden hier erinnert. Auch jetzt und hier am Ende dieses 18. Bundeskongresses.

Vielleicht darf ich als Geistlicher daran erinnern – dass das Christentum nie nur die die Solidarität aller nach vorn lehrt, sondern auch eine Solidarität nach rückwärts, einen geschichtlichen Bund nicht nur mit den Kindern, sondern auch mit den Vätern und Müttern, mit den Opfern der Geschichte.

Gerade auf sie bezieht sich der Hunger und Durst nach universaler Gerechtigkeit. Gerade sie sind einbezogen in die Botschaft von der Auferweckung der Toten, die für die Solidarität und Einheit der ganzen Menschheit einsteht.

Wir glauben als Christen: Gott ist der Garant, dass wir mit den Namen der Toten nicht nur Vergangenheit benennen. Er vergisst sie nicht, er hält sie in seinem Gedächtnis lebendig. Sie selbst, nicht nur irgendetwas von ihnen, nicht nur ihr Wollen, ihre Ideale, nicht nur was sie geleistet haben, sondern sie selbst.

Gott verbürgt sich, dass ihre Geschichten nicht einfach erloschen sind.

Ich kann das nicht weniger direkt, nicht weniger anstößig formulieren.

Denn wir verraten Gott, wenn wir ihm weniger zutrauen als dem Tod.
Deshalb sind sie eingeschlossen in unsere Gebete, in unsere Hoffnung, in unseren Glauben.
Die Gefangenen von damals, die Hingerichteten vom 26. April in Moskau 1951: wir erinnern sie im Namen Gottes. Wir erinnern sie alle, denn „verweigerte Erinnerung ist Mord".

Ich danke Ihnen.

Gedenken im Raum der Stille

Erinnerungsband im Raum der Stille

26. April 1951

Am 28. Dezember 1950 fand in Chemnitz-Kaßberg ein Gruppenprozess des Sowjetischen Militärtribunals Nr. 48240 gegen 16 Personen, unter ihnen drei Frauen, statt. Den Angeklagten wurde vom sowjetischen Geheimdienst vorgeworfen, als Mitglied einer Widerstandsgruppe im Umfeld der SAG Wismut Spionage für den britischen Geheimdienst betrieben zu haben. Als Kopf dieser mutmaßlichen Gruppe galt Werner Schild von Spannenberg. Das SMT verhängte neben jahrelanger und lebenslanger Lagerhaft auch sieben Todesurteile.

Wegen "Spionage, antisowjetischer Tätigkeit und Mitgliedschaft in einer konterrevolutionären Organisation" wurden Gerhard Hoffmeister, Wolfgang Mochwitz, Gerhard Peter, Günther Plischke, Günther Päsler, Werner Schild von Spannenberg und Herbert Sonntag zum Tode durch Erschießen verurteilt. Das Präsidium des Obersten Sowjets lehnte ihre Gnadengesuche am 23. April 1951 ab. Die Todesurteile wurden am 26. April 1951 in Moskau vollstreckt. Bisher ist keiner dieser Sieben rehabilitiert worden.

Gerhard Hoffmeister

Bergarbeiter – geboren am 2. August 1927 in Königsberg – verhaftet am 1. Mai 1950 auf der Arbeitsstelle – verurteilt am 28. Dezember 1950 – hingerichtet am 26. April 1951 in Moskau

verheiratet, Vater eines Kindes, 24 Jahre alt

Wolfgang Mochwitz

Student – geboren am 4. Oktober 1929 in Leipzig – verhaftet am 4. Mai 1950 in Aue – verurteilt am 28. Dezember 1950 – hingerichtet am 26. April 1951 in Moskau

ledig, 21 Jahre alt

Günther Päsler

Laborant – geboren am 22. März 1923 in Konradswaldau – verhaftet am 2. Mai 1950 zu Hause – verurteilt am 28. Dezember 1950 – hingerichtet am 26. April 1951 in Moskau

ledig, 28 Jahre alt

Gerhard Peter

Konditor, Bergarbeiter – geboren am 27. Januar 1923 in Gleiwitz – verhaftet im März 1950 – verurteilt am 28. Dezember 1950 – hingerichtet am 26. April 1951 in Moskau

verheiratet, Vater zweier Kinder, 28 Jahre alt

Günther Plischke

Elektriker – geboren am 25. Dezember 1927 in Seitendorf – verhaftet am 9. Mai 1950 in Aue – verurteilt am 28. Dezember 1950 – hingerichtet am 26. April 1951 in Moskau

ledig, 23 Jahre alt

Werner Schild von Spannenberg

Kaufmann – geboren am 19. Oktober 1921 in Trünzig – verhaftet am 3. Mai 1950 im Gasthof „Dänkritzer-Schmiede" bei Zwickau – verurteilt am 28. Dezember 1950 – hingerichtet am 26. April 1951 in Moskau

verheiratet, Vater zweier Kinder, 30 Jahre alt

Herbert Sonntag

Ingenieur – geboren am 2. Juli 1912 in Aue – verhaftet am 11. Juli 1950 auf der Arbeit – verurteilt am 28. Dezember 1950 – hingerichtet am 26. April 1951 in Moskau

verheiratet, Vater zweier Kinder, 39 Jahre alt

Konferenz der Landesbeauftragten für die Stasi-Unterlagen und zur Aufarbeitung der Folgen der kommunistischen Diktatur

Landesbeauftragte gibt es in Berlin, Brandenburg, Mecklenburg-Vorpommern, Sachsen-Anhalt, Sachsen und Thüringen. Sie werden von Länderparlamenten gewählt und sind fachlich unabhängig. Ihre Tätigkeit wird durch Landesgesetze geregelt. Die Gesetzgeber haben den Landesbeauftragten vor allem folgende Aufgaben übertragen:

- Beratung der Bürger zur Einsicht in die Stasi-Unterlagen
- Beratung und Unterstützung ehemals politisch Verfolgter der SED-Diktatur in Fragen der Rehabilitierung und Wiedergutmachung
- Förderung und Unterstützung von Opferverbänden und Aufarbeitungsinitiativen
- Schulische und außerschulische Bildungsarbeit
- Anlaufstelle zu Fragen der SED-Aufarbeitung
- Beratung öffentlicher Stellen im Umgang mit politisch belasteten Amts- und Mandatsträgern
- Unterrichtung der Öffentlichkeit über die Strukturen und Wirkungsweise der kommunistischen Diktatur

Die Landesbeauftragten bieten verschiedene Formate der politischen Bildung an. Neben Vorträgen, Lesungen, Podiumsdiskussionen und Ausstellungen organisieren sie Zeitzeugengespräche, Filmabende und geben eigene Publikationen heraus. Darüber hinaus führen sie Recherchen durch und unterstützen die wissenschaftliche Forschung. Sie betreiben so eine kritische Aufarbeitung der SED-Diktatur und eine aktive Erinnerungsarbeit. Die Landesbeauftragten arbeiten eng mit der Bundesstiftung zur Aufarbeitung der SED-Diktatur zusammen.

Berlin: Martin Gutzeit

Landesbeauftragter für die Unterlagen des Staatssicherheitsdienstes der ehemaligen DDR
Scharrenstraße 17, 10178 Berlin
Tel.: (030) 24 07 92 - 0, Fax: (030) 24 07 92 - 99
info@lstu-berlin.de, www.berlin.de/stasi-landesbeauftragter

Brandenburg: Ulrike Poppe

Die Beauftragte des Landes Brandenburg zur Aufarbeitung der Folgen
der kommunistischen Diktatur
Hegelallee 3, 14467 Potsdam
Tel.: (03 31) 23 72 92 - 0; Fax: (03 31) 23 72 92 - 29
aufarbeitung@lakd.brandenburg.de, www.aufarbeitung.brandenburg.de

Mecklenburg-Vorpommern: Anne Drescher

Die Landesbeauftragte für Mecklenburg-Vorpommern für die Unterlagen
des Staatssicherheitsdienstes der ehemaligen DDR
Bleicherufer 7, 19053 Schwerin
Tel.: (03 85) 73 40 - 06; Fax: (03 85) 73 40 - 07
post@lstu.mv-regierung.de, www.landesbeauftragter.de

Sachsen: Lutz Rathenow

Der Sächsische Landesbeauftragte für die Unterlagen des Staatssicherheitsdienstes
der ehemaligen DDR
Unterer Kreuzweg 1, 01097 Dresden
Tel.: (03 51) 656 81 10; Fax: (03 51) 656 81 20
info@lstu.smj.sachsen.de, www.justiz.sachsen.de/lstu

Sachsen-Anhalt: Birgit Neumann-Becker

Die Landesbeauftragte für die Unterlagen des Staatssicherheitsdienstes der ehemaligen DDR
Klewitzstraße 4, 39112 Magdeburg
Tel.: (03 91) 567 50 - 51; Fax: (03 91) 567 50 - 60
lstu@justiz.sachsen-anhalt.de, www.stasi-unterlagen.sachsen-anhalt.de

Thüringen: Christian Dietrich

Landesbeauftragter des Freistaats Thüringen zur Aufarbeitung der SED-Diktatur
Jürgen-Fuchs-Straße 1, 99096 Erfurt
Tel.: (03 61) 377 19 - 50; Fax: (03 61) 377 19 - 52
info@thla.thueringen.de, www.thla-thueringen.de

Erinnerung als Auftrag.

Wo zur SED-Diktatur Ausstellungen eröffnet, Archivbestände erschlossen, Filme gedreht, Dissertationen geschrieben oder Bildungsangebote formuliert werden, ist die Bundesstiftung zur Aufarbeitung der SED-Diktatur nicht weit. Sie unterstützt Projekte, die zur Aufarbeitung der Ursachen, Geschichte und Folgen der kommunistischen Diktaturen beitragen – bundesweit und international.

Nach ihrem Leitsatz »Erinnerung als Auftrag« realisiert die Bundesstiftung Aufarbeitung zudem eigene Veranstaltungen, Publikationen und Ausstellungen. Mit ihren vielfältigen Angeboten trägt sie dazu bei, den Wert unserer Demokratie heute und für zukünftige Generationen deutlich zu machen. Informieren Sie sich:

www.bundesstiftung-aufarbeitung.de

Bundesstiftung zur Aufarbeitung der SED-Diktatur
Kronenstraße 5 | 10117 Berlin
Tel.: +49 (030) 31 98 95 - 0 | Fax: +49 (030) 31 98 95 - 210
E-Mail: buero@bundesstiftung-aufarbeitung.de

Bundesunmittelbare Stiftung
des öffentlichen Rechts

BUNDESSTIFTUNG
AUFARBEITUNG